PAULA PASCUAL

LUFTIG LEICHTE SCHNEEFLOCKEN

Winterliche Deko und Weihnachtsgeschenke aus Papier

PAULA PASCUAL

LUFTIG LEICHTE SCHNEEFLOCKEN

Winterliche Deko und Weihnachtsgeschenke aus Papier

INHALT

GRUNDTECHNIKEN

MATERIAL

Bastelmesser oder Cutter
Schneidematte
Schere
Falzbein
Lineal
Bastelkleber in Weiß
Klebefilm
Schaumstoff-Klebepads, doppelseitig
Nylonfaden
Knöpfe und Perlen
Schleifenbänder und Schnüre
Karton
Dünner Holzspieß, ca. 23 cm lang (für Weihnachtsbaum)
Heißklebepistole (optional)
Lochstanzer, ø 5 mm (optional)

VORLAGEN

Die meisten Vorlagen in diesem Buch ergeben jeweils ein Objekt. Wer mehrere Versionen basteln möchte, sollte die Vorlagen zunächst kopieren und dann auf Papier übertragen, das stark genug sein muss, um als fertiges Produkt die Form halten zu können. Das Vorlagenpapier in diesem Buch hat ein Gewicht von 140 g/m². Weil die meisten Vorlagen beidseitig verwendbar sind, haben Sie die Wahl zwischen einem farbigen und einem weißen Modell. Auf der Seite 19 finden Sie zudem weitere Schneeflocken-Vorlagen. Diese können Sie kopieren und damit Projekt-Vorlagen ersetzen oder diese ergänzen.

SCHNEIDEN

Zum Ausschneiden von groben Außenkanten und großen Details reicht eine normale Schere, für kompliziertere Muster sollten Sie möglichst ein Bastelmesser verwenden. Dazu die Vorlage stets auf eine Schneidematte legen und auf eine scharfe Klinge achten (diese regelmäßig wechseln). Arbeiten Sie sich von der Mitte der Vorlage nach außen und von den kleinen Details zu den großen. Damit die Klinge leicht schneidet, das Messer wie einen Stift und in einem Winkel von etwa 45 Grad zum Papier führen. Für eine glattere Schnittkante das Papier während des Schneidens mitdrehen.

FALTEN

An den schwarzen durchgezogenen Linien schneiden, entlang der gestrichelten Linien wird gefaltet. Zum Falzen von Papier ein Lineal an die gestrichelte Linie legen und ein Falzbein oder die stumpfe Seite eines Bastelmessers einige Male entlangführen. Dies erleichtert das Falten und hilft somit bei den Projekten.

KLEBEN

Um den Kleber besser dosieren zu können, am besten einen schnell trocknenden Bastelkleber mit Präzisionsdüse verwenden. Zum Ankleben einer Lasche die Papierflächen einige Minuten zusammendrücken, bis sie fest verbunden sind. Eine Heißklebepistole ist empfehlenswert, da der Kleber rasch trocknet. Ungeübte sollten die Klebepistole zunächst mit Papierresten testen.

DENHOLM

TISCHLÄUFER

VORLAGE SEITE 21

1 Je nach gewünschter Länge des Läufers, die Vorlage beliebig oft kopieren.

2 Die Schneeflocken in der Mitte beginnend ausschneiden. Für gerade Linien ein Lineal ansetzen, um saubere Kanten zu erhalten. Zum Schluss die Außenkante ausschneiden.

3 Die Schneeflocken mit transparenter Nylonschnur verbinden.

WAND-/FENSTERDEKO

VORLAGEN SEITEN 23 – 27

1 Beim Ausschneiden der großen Schneeflocke mit den Details in der Mitte beginnen und mit der Außenkante enden.

2 Für die kleinen Schneeflocken ein Bastelmesser mit Lineal verwenden. Nach Belieben auch noch die dekorativen blauen Schneeflocken ausschneiden.

3 Die Flocken nach Geschmack anordnen und mit etwas Klebstoff aneinander befestigen.

4 Nach dem Trocknen mit ablösbaren Klebepads an der Wand oder dem Fenster festmachen.

GEOMETRISCHES BILD

VORLAGEN SEITEN 73 – 75

1 Das Quadrat auf der ersten Seite ausschneiden. Dann in der Mitte der Vorlage beginnend das Muster mit einem Bastelmesser und angelegtem Lineal exakt ausschneiden.

2 Eine der farbigen Vorlagen auswählen, an der Außenkante entlangschneiden und die ausgeschnittene Schneeflocke darauflegen.

3 Für einen 3D-Effekt die beiden Blätter mit doppelseitig klebenden Schaumstoffpads zusammenkleben. In einem passenden Rahmen (23 cm x 23 cm) befestigen und aufhängen.

GRUSSKARTE

VORLAGEN SEITEN 27 – 29

1 Schneiden Sie die drei Rechtecke entlang der grauen Linien aus.

2 Für die Vorderseite der Karte die Schneeflocke vorsichtig herausschneiden und das lose weiße Stück von der rechten Seite aufheben.

3 Für die Faltkarte das größere Rechteck zur Hälfte falten, hierzu Lineal und Falzbein zur Hilfe nehmen. Entweder das helle oder dunklere Blau als Außenseite wählen.

4 Für die Vorderseite (mit der Schneeflocke) eine Farbversion auswählen und mit doppelseitig klebenden Schaumstoffpads befestigen. Dazu das lose Stück aus Schritt 2 kleben um die Schneeflocke zu vervollständigen.

5 Im Karteninnern das weiße Feld mit dem blauen Rahmen (hell oder dunkel nach Wahl) einkleben. Dadurch erhält die Karte mehr Stabilität und kann auf dem weißen Feld leicht beschriftet werden.

6 In der Mitte der Schneeflocke einen dekorativen Knopf oder eine Perle befestigen.

GESCHENKANHÄNGER

VORLAGEN SEITE 29

1 Je nach gewünschter Anzahl Anhänger die Vorlagen auf dem Kopierer vervielfältigen.

2 Etiketten und Schneeflocken ausschneiden. In die Etiketten ein Loch stanzen.

3 Die Schneeflocken frei auf dem Etikett positionieren – übereinanderlegen oder falten – und ankleben.

4 Ein kurzes Schleifenband durch das Loch schlingen. Nach Belieben noch einen flachen Kunstkristall oder Knopf ankleben.

WEIHNACHTSBAUM

VORLAGEN SEITEN 33 – 37

1 Die beiden Sterne und die Schneeflocken auf den Vorlagenseiten ausschneiden, dabei mit den inneren Details beginnen.

2 Mit einem Lochstanzer oder Bastelmesser mittig die Schneeflocken mit einem kleinen Loch versehen. Eine der kleineren Schneeflocken beiseitelegen. Die anderen von klein nach groß aufeinanderlegen. Die Farbe Ihrer Wahl zeigt nach oben.

3 Passend den roten oder grünen Streifen ausschneiden und an den Markierungen in 10 Stücke teilen.

4 Jedes Stück leicht überlappend um einen Bambusspieß wickeln, um Zylinder zu formen. Mit Kleber oder Klebefilm fixieren. Mit einem Gummiband sichern, bis der Kleber getrocknet ist, dann abziehen.

5 Bis etwa 2,5 cm vom Ende des Spießes die beiseitegelegte Schneeflocke aufschieben, dann einen Zylinder und dann die größte Schneeflocke. Abwechselnd weitere Zylinder und Schneeflocken, von groß nach klein, darüber schieben.

6 Schließlich die beiden Sterne an der Baumspitze zusammenkleben.

7 Zum Aufstellen den Baum in eine Garnspule oder einen kleinen, mit Sand oder Kieseln befüllten Blumentopf setzen – für mehr Stabilität sollte der „Stamm" beim Blumentopf unten etwas länger sein.

SPITZENSTERN

VORLAGEN SEITEN 39 – 41

1 Die 6 Schneeflocken mit einer Schere ausschneiden, dabei mit den inneren Details beginnen und mit den Konturen enden.

2 Den Sockel ausschneiden, zu einem Kegel formen und die Lasche unter die gegenüberliegende Kante kleben.

3 Alle Schneeflocken zur Hälfte falten, die gewünschte Farbe nach innen. Für eine scharfe Kante Lineal und Falzbein zur Hilfe nehmen.

4 Für den Stern die Außenkanten der Schneeflocken so zusammenkleben, dass die Muster übereinander liegen. Die unteren Enden nicht verkleben.

5 Diese an der Sockelspitze befestigen und den Stern auf den Christbaum setzen.

TEELICHTHALTER

VORLAGEN SEITE 43

1 Aus den Vorlagen entstehen zwei Teelichthalter. Für zusätzliche Modelle die Vorlagen beliebig oft kopieren.

2 Die Vorlagen ausschneiden und dabei mit den inneren Details beginnen und mit der Kontur abschließen. Für gerade Kanten an einem Lineal entlang schneiden. An der markierten Linie einen Schlitz einschneiden.

3 Die Vorlagen mit der Farbe Ihrer Wahl nach außen aufrollen, die Lasche in den Schlitz stecken und innen mit Kleber fixieren.

4 Um ein LED-Teelicht stellen. Wer eine echte Kerze bevorzugt, sollte diese in ein kleines Glas setzen und den Halter darum platzieren.

MOBILE

VORLAGEN SEITEN 20, 45 – 51

1 Die Ringvorlage auf Seite 20 auf dicken weißen Karton übertragen und ausschneiden. Mit einer Nadel die Löcher einstechen.

2 Alle Schneeflocken ausschneiden (für ein volleres Mobile die Vorlagen vervielfältigen). Die zwei Löcher in der Mitte mit einer Nadel einstechen.

3 Das fertige Mobile hat 10 Ketten à 7–8 Schneeflocken. Für einen besonderen Effekt die Länge der Ketten variieren. Die farbigen Schneeflocken nach Wunsch anordnen.

4 Einen ca. 40 cm langen transparenten Faden zuschneiden und durch die Löcher der ersten Schneeflocke fädeln. Das Fadenende verknoten. Weitere Schneeflocken auffädeln.

5 Das obere Ende des Fadens durch ein Loch im Ring fädeln, verknoten und versäubern. Mit etwas Kleber fixieren. Ebenso mit den restlichen Ketten verfahren.

6 Zum Aufhängen einen transparenten Faden in der gewünschten Länge zuschneiden. Die Enden zusammennehmen und verknoten. Dann die Schlaufe durch das mittlere Loch des Rings fädeln und den Knoten mit Kleber fixieren. Abschließend aufhängen und die Flocken nochmals ausrichten.

KRANZ

VORLAGEN SEITEN 20, 53 – 59

1 Die Kranz-Basis auf Seite 20 größer kopieren und auf dicken Karton übertragen. Den Ring mit weißem Band umwickeln, um den Karton zu verbergen und das Band mit Kleber fixieren.

2 Für gerade, saubere Kanten alle Schneeflocken mithilfe eines Lineals ausschneiden.

3 Sie können den Kranz in Rosa- und Grautönen oder ganz in Weiß gestalten. Für scharfe Kanten jede Schneeflocke auf der Rückseite entlang ihrer Strahlen mithilfe eines Lineals und Falzbeins dreimal falten.

4 Die Schneeflocken in einer Kombination Ihrer Wahl oder wie auf den Fotos übereinanderlegen und ankleben. Mittig Knöpfe oder Perlen befestigen.

MASKE

VORLAGEN SEITE 61

1 Zunächst die Aussparungen und die Löcher für die Augen, dann die ganze Maske ausschneiden.

2 Nun die Laschen ausschneiden. Entlang der gestrichelten Linie falten.

3 Die Farbe für die Vorderseite der Maske auswählen. Auf der Rückseite jeweils den geknickten Teil der Laschen über die erste Aussparung neben den Augenlöchern legen und ankleben.

4 Zwei Stücke Schleifenband zuschneiden, je eins durch die Laschenschlitze fädeln, umfalten und die Enden am Band ankleben. Die Maske am Hinterkopf zusammenbinden, um die Passform zu prüfen. Falls nötig, die Bänder kürzen.

GESCHENK-DEKO

VORLAGEN SEITE 31

1 Für mehr als einen Stern die Vorlage mehrfach kopieren. Die inneren Details in den zwei Vorlagen ausschneiden, dann für gerade Kanten mithilfe eines Lineals die Konturen schneiden. Die gestrichelten Linien mit Lineal und Falzbein umknicken und wie eine Ziehharmonika falten – im Wechsel nach oben und unten.

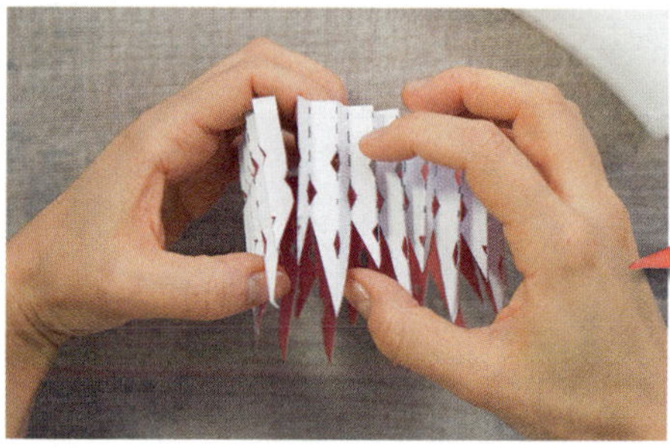

2 Die zwei Teile an den beiden kurzen Seiten zusammenkleben, um einen Ring zu bilden.

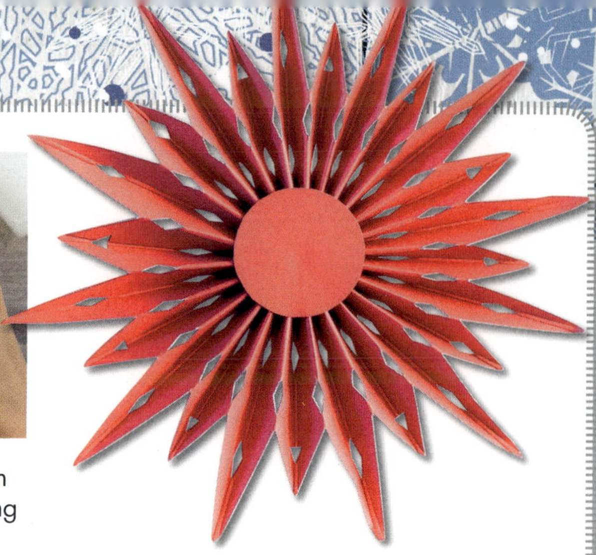

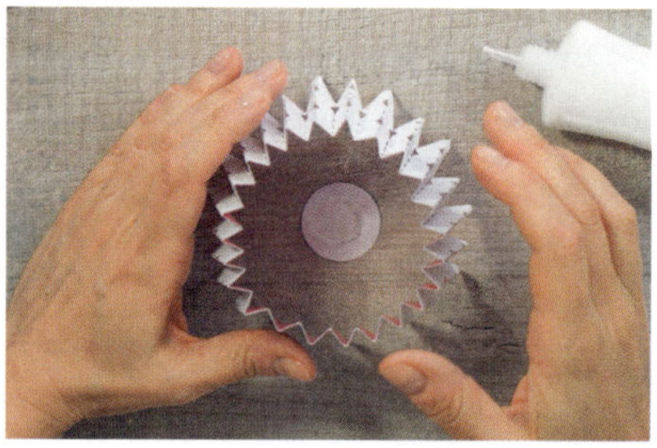

3 Die zwei Kreise ausschneiden. Eine großzügige Menge Kleber auf einen der Kreise geben und den Ring mit der geraden Kante nach oben darum stellen.

4 Die Ziehharmonika zusammendrücken, die Mitte auf den Kreis pressen und festhalten, bis der Kleber getrocknet ist. Dann den zweiten Kreis auf der anderen Seite ankleben.

GESCHENK-BOX

VORLAGEN SEITE 63

1 Die Vorlage für weitere Boxen beliebig oft kopieren. Schneeflocke und Details ausschneiden. Die markierten Schlitze einschneiden, dann die Laschen, die Kontur und den Anhänger ausschneiden. Die gestrichelten Linien mit Lineal und Falzbein umfalten.

2 Die Box mit der gewünschten Farbe nach außen entlang der gefalzten Linien zusammenfalten.

3 Die Bodenlasche einstecken und innen mit etwas Kleber fixieren. Dann die seitliche Lasche in den Schlitz stecken und innen mit Kleber befestigen.

4 Das Geschenk einwickeln und in die Box legen. Die oberen Klappen herunterdrücken und die Schneeflockenhälften zusammenbringen. Durch die Schlitze etwas Schleifenband oder farbige Schnur ziehen. Den Anhänger auffädeln und eine Schleife binden. Abschließend die Enden auf die passende Länge kürzen.

3D-SCHNEEFLOCKE

VORLAGEN SEITEN 65 – 67

1 Die gewünschte Anzahl Schneeflocken festlegen und die Vorlagen dementsprechend oft kopieren. Die große Schneeflocke ausschneiden. Alle sechs Strahlen mithilfe von Lineal und Falzbein falzen.

2 In der Farbe Ihrer Wahl 6 Quadrate ausschneiden, dann mit einer Schere oder einem Bastelmesser entlang der markierten Linien schneiden.

3 Die gestrichelten Linien mit Lineal und Falzbein über den Diagonalen falzen.

4 Die zwei unteren langen Streifen an den Enden zusammenbringen und die Schlaufen mit Kleber fixieren.

5 Die folgenden zwei Streifen ebenso zu einer Schlaufe formen, aber in entgegengesetzter Richtung. Ebenso mit den restlichen Streifen fortfahren. Dies für alle 6 Quadrate wiederholen.

6 Einen der roten Strahlen mittig auf der großen Schneeflocke ankleben. Den nächsten Strahl einhaken und in der Mitte festkleben. Dies mit allen Strahlen wiederholen.

7 Die Kreise ausschneiden und die Kanten rundum mit einer Schere einschneiden. Alle übereinanderlegen und mittig ankleben. Nach Belieben kleine Stücke Pappkarton darunter kleben, um Höhe zu gewinnen. Abschließend einen Knopf ankleben.

WINTERFEE

VORLAGEN SEITEN 69 – 71

1 Alle Elemente ausschneiden, dabei mit den inneren Details beginnen. Die gestrichelten Linien am Rockteil mit Lineal und Falzbein falzen – abwechselnd nach vorn und hinten falten.

2 Es ist wichtig, dass die feinen Laschen sauber gefaltet werden!

3 Etwas Kleber auf die Laschen geben und an der Taille von Körper A befestigen.

4 So beide Rockhälften rund um die Taille legen und die Laschen ankleben. Einige Sekunden festhalten, bis das Papier gut zusammenhält.

5 Den Flügelhalter entlang der gestrichelten Linien falzen. Die Mitte an der Rückseite von Körper A ankleben. Die Flügel an die Rückseite der Laschen kleben.

6 Körper B in Position schieben. Zur Aufhängung einen transparenten Faden durch eines der Details in den Flügeln fädeln.

VORLAGEN

AUSWAHL AN SCHNEEFLOCKEN

KRANZ-BASIS

Kranz-Basis auf
105 % vergrößern

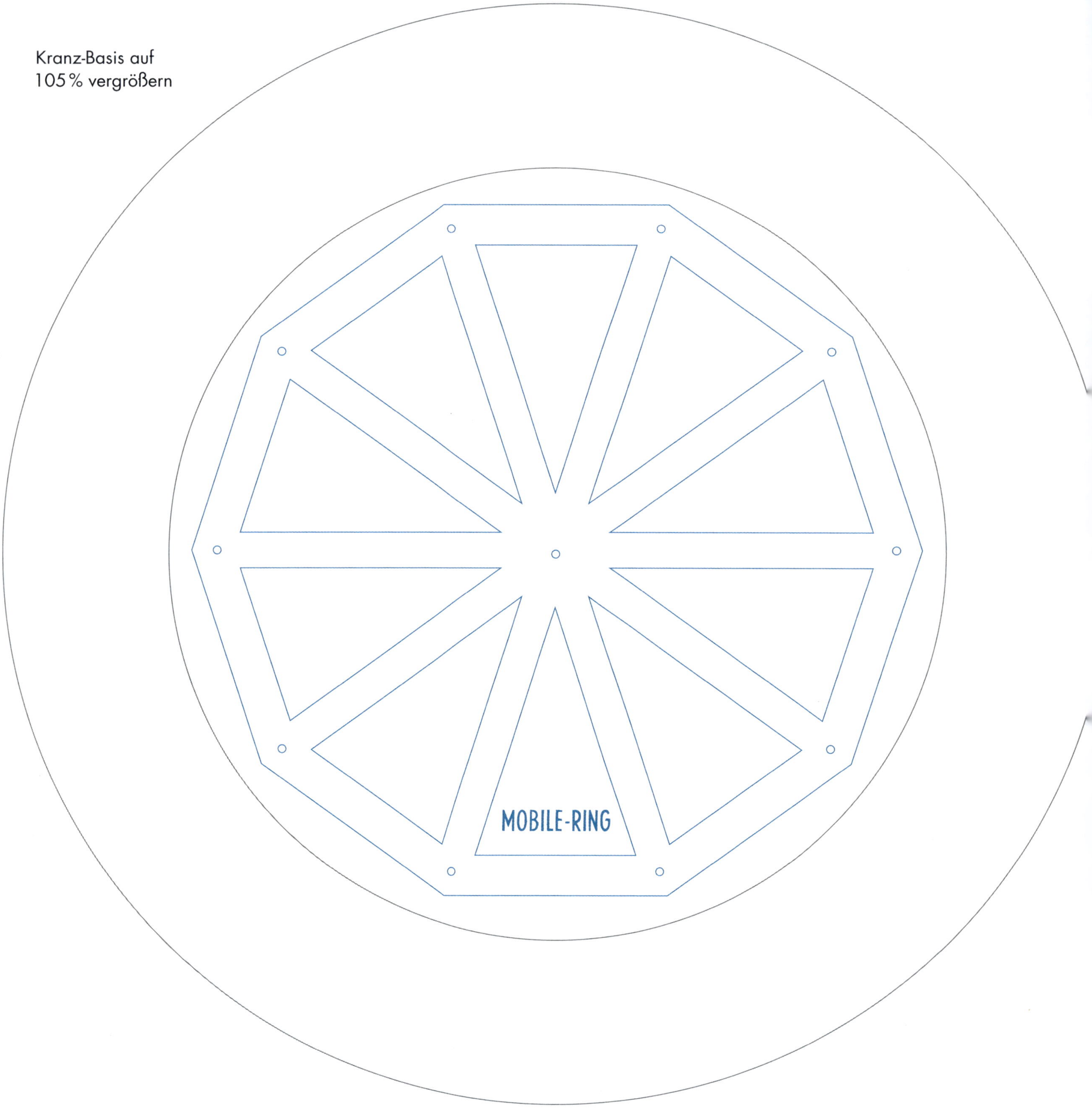

TISCHLÄUFER

ANLEITUNG SEITE 8

WAND-/FENSTERDEKO

ANLEITUNG SEITE 8

WAND-/FENSTERDEKO

WAND-/FENSTERDEKO

GRUSSKARTE

ANLEITUNG SEITE 9

GRUSSKARTE

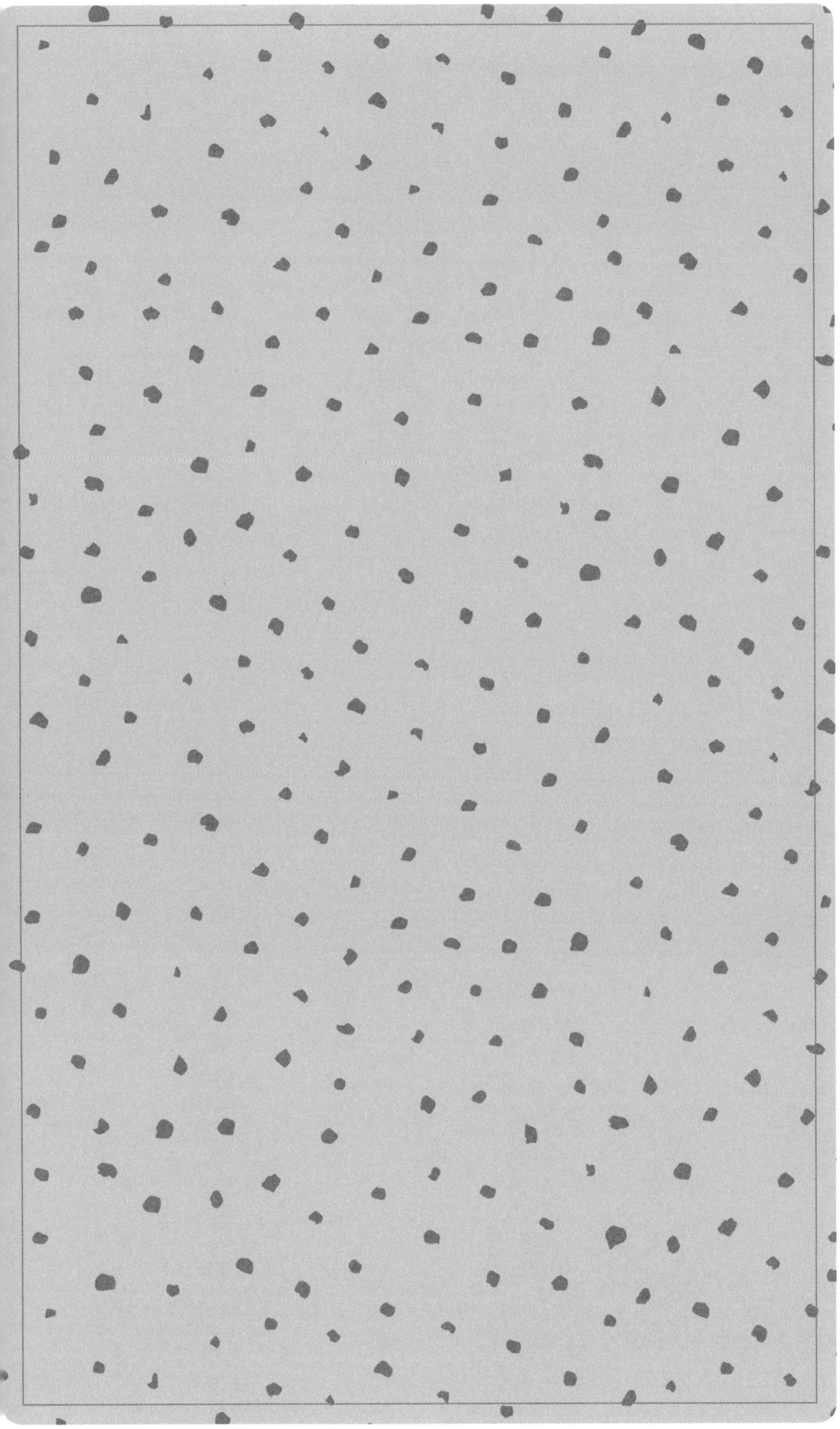

GESCHENKANHÄNGER

ANLEITUNG SEITE 9

GESCHENK-DEKO

ANLEITUNG SEITE 16

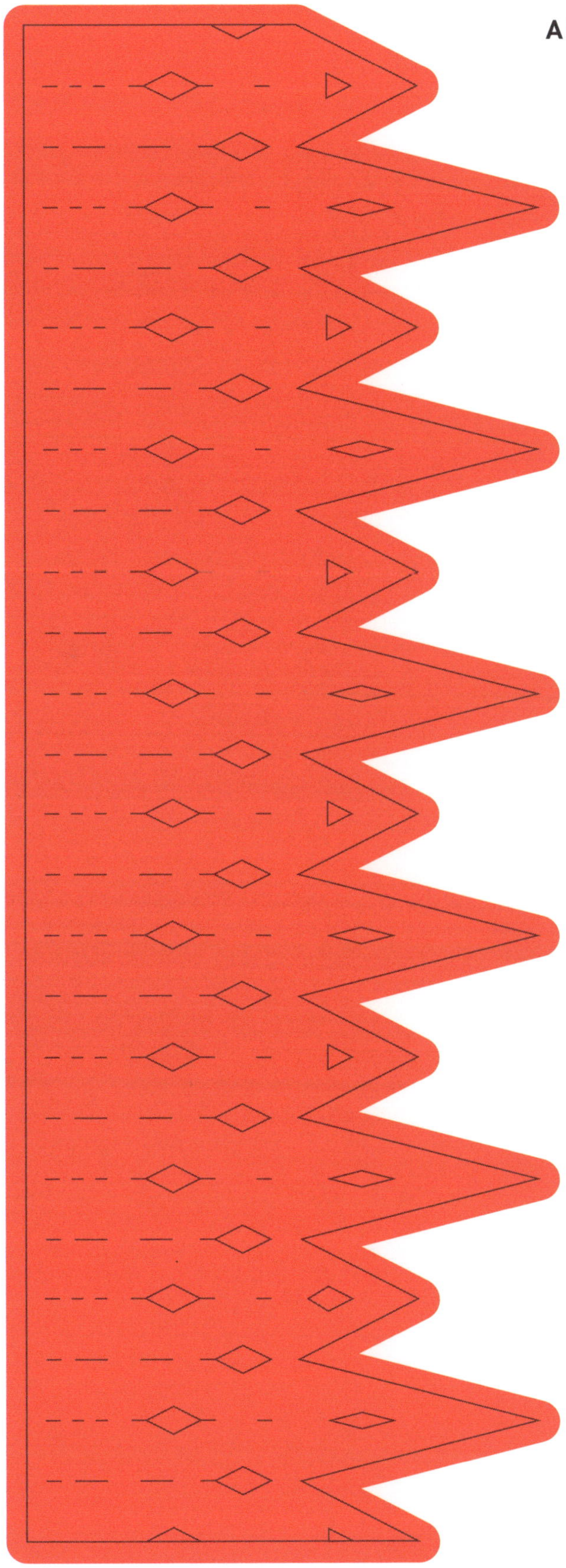

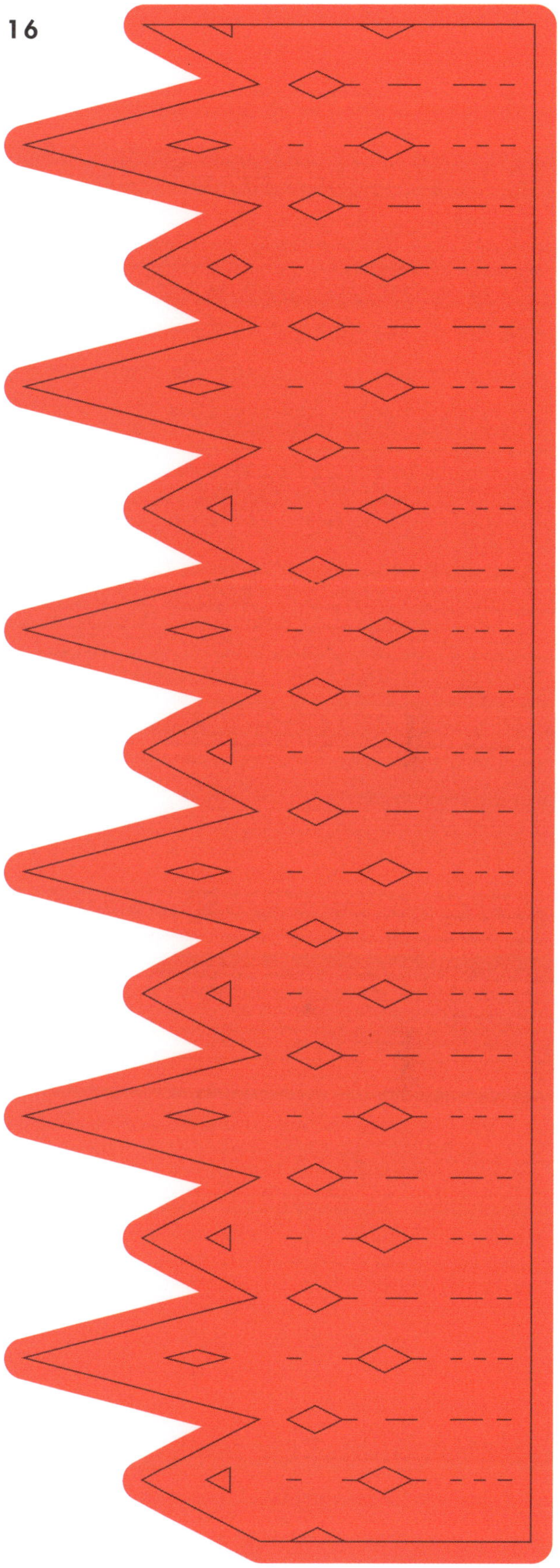

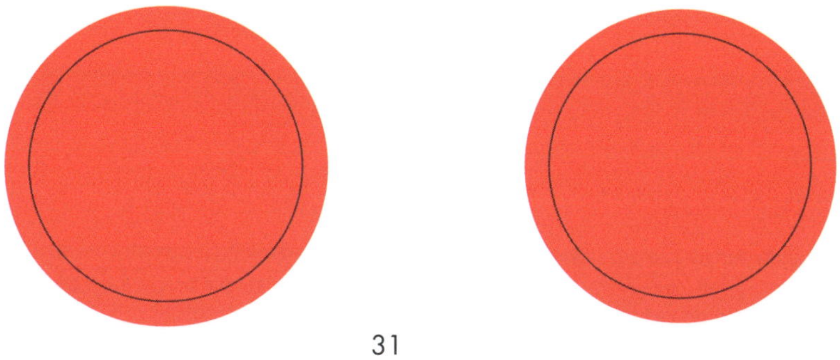

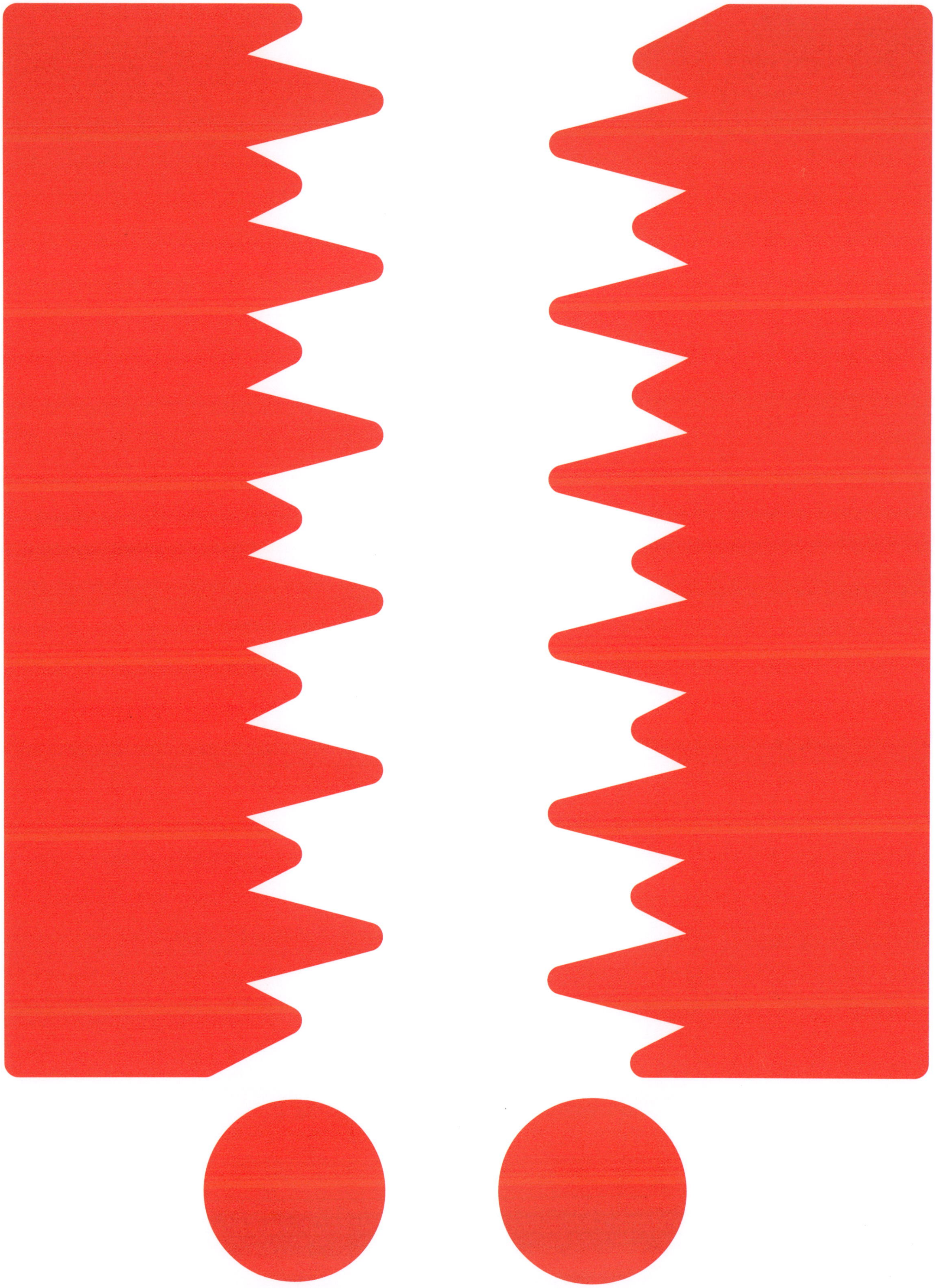

WEIHNACHTSBAUM

ANLEITUNG SEITE 10

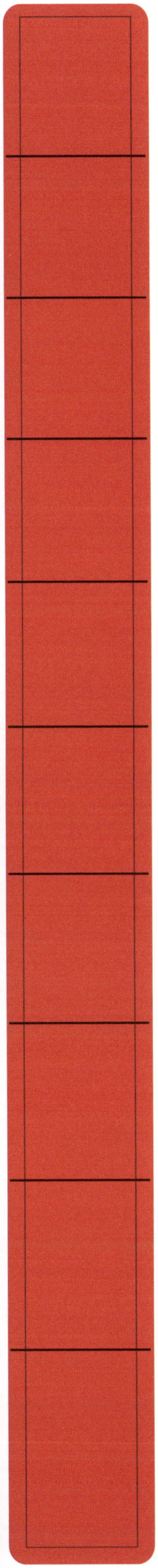

WEIHNACHTSBAUM

SPITZENSTERN

ANLEITUNG SEITE 10

SPITZENSTERN

Sockel

TEELICHTHALTER

ANLEITUNG SEITE 11

MOBILE

ANLEITUNG SEITE 11
FÜR DEN MOBILE-RING, SIEHE SEITE 20

MOBILE

MOBILE

MOBILE

KRANZ

ANLEITUNG SEITE 14
FÜR DIE KRANZ-BASIS, SIEHE SEITE 20

KRANZ

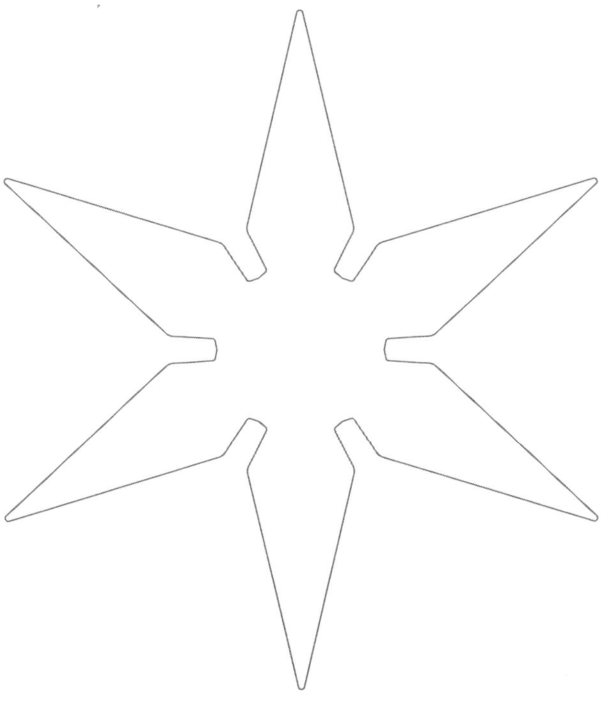

KRANZ

KRANZ

MASKE

ANLEITUNG SEITE 14

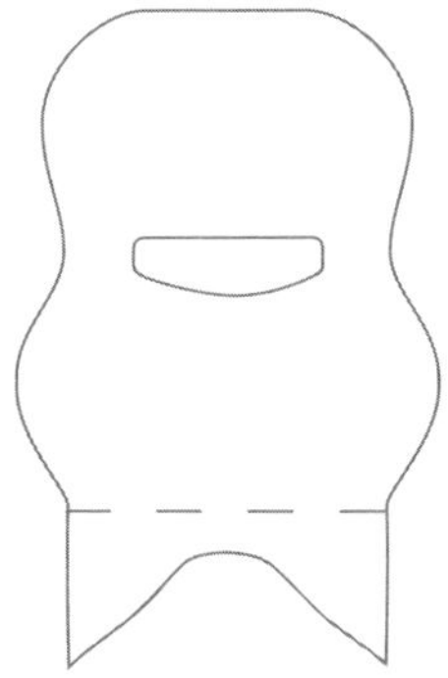

Bandbefestigung

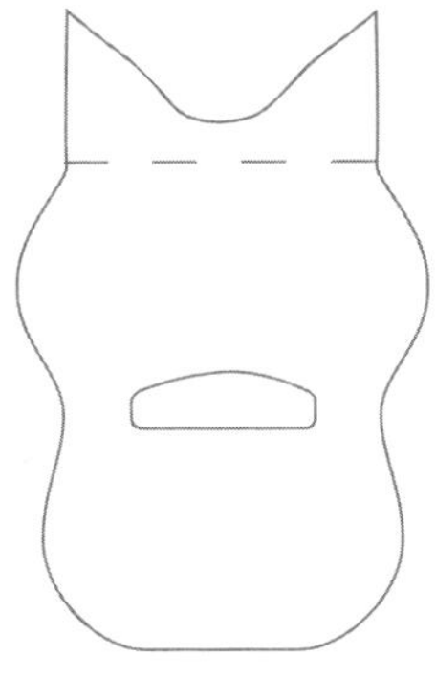

GESCHENK-BOX

ANLEITUNG SEITE 16

3D-SCHNEEFLOCKE

ANLEITUNG SEITE 17

3D-SCHNEEFLOCKE

WINTERFEE

ANLEITUNG SEITE 18

Körper A

Flügel

Körper B

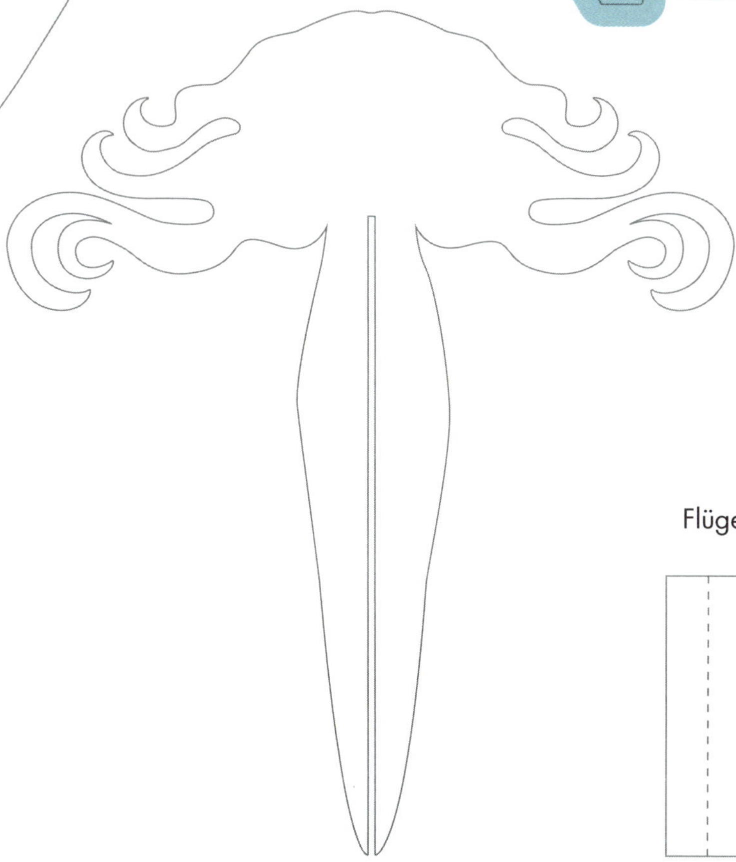

Flügelhalter

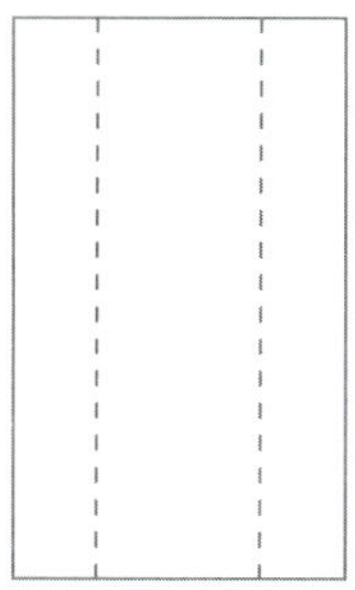

WINTERFEE

Kleid

Flügel

GEOMETRISCHES BILD

ANLEITUNG SEITE 8

GEOMETRISCHES BILD

DIE AUTORIN

Paula Pascual ist eine Papierkünstlerin, Grafikdesignerin und Bloggerin aus Spanien. Sie ist seit 14 Jahren in der britischen Papierkunstindustrie aktiv, und ihre Arbeiten waren unter anderem in den Magazinen Crafts Beautiful und Cardmaking and Papercraft zu sehen. Darüber hinaus stellt sie im Fernsehen auf Hochanda TV Papierbastelprodukte von Tonic Studios vor. In Großbritannien sind von ihr bereits vier Bücher zum Thema Papierkunst erschienen.

Blog: www.blog.paulapascual.com
Instagram: @paulabmpascual

Buchempfehlungen für Sie

TOPP 4321
ISBN 978-3-7724-4321-3

TOPP 4323
ISBN 978-3-7724-4323-7

TOPP 4324
ISBN 978-3-7724-4324-4

TOPP 8173
ISBN 978-3-7724-8173-4

TOPP 7150
ISBN 978-3-7724-7150-6

TOPP 4357
ISBN 978-3-7724-4357-2

TOPP 4925
ISBN 978-3-7724-4925-3

TOPP 7763
ISBN 978-3-7724-7763-8

TOPP 7152
ISBN 978-3-7724-7152-0

Weitere Ideen zum Selbermachen gesucht?

Lieblingsstücke von einfach bis einfach genial finden Sie bei TOPP! Lassen Sie sich auf unserer Verlagswebsite, per Newsletter oder in den sozialen Netzwerken von unserer Vielfalt inspirieren!

Website

Verlockend: Welcher Kreativratgeber soll es für Sie sein? Schauen Sie doch auf **www.TOPP-kreativ.de** vorbei & stöbern Sie durch die neusten Hits der Saison!

TOPP-Autoren

Sie wollen wissen, wer die „Macher" unserer Bücher sind? Wer Ihnen nützliche Tipps & Tricks gibt? Auf **www.TOPP-kreativ.de/Autor** warten jede Menge spannender Infos zum jeweiligen Autor auf Sie. Finden Sie heraus, welches Gesicht hinter Ihrem Lieblingsbuch steckt!

Facebook

Werden Sie Teil unserer Community & erhalten Sie brandaktuelle Informationen rund ums Handarbeiten auf **www.Facebook.com/Mitstrickzentrale**
Wer sich für Basteln, Bauen, Verzieren & Dekorieren interessiert, ist auf **www.Facebook.com/Bastelzentrale** genau richtig!

Pinterest

Sie sind auf der Jagd nach den neusten Trends? Sie suchen die besten Kniffe? Die schönsten DIY-Ideen? All' das & noch vieles mehr gibt es von TOPP auf **www.Pinterest.com/Frechverlag**

Alles in einer Hand gibt's hier:

Newsletter

Bunt, fröhlich & überraschend: Das ist der TOPP-Newsletter! Melden Sie sich unter: **www.TOPP-kreativ.de/Newsletter** an & wir halten Sie regelmäßig mit Tipps & Inspirationen über Ihr Lieblingshobby auf dem Laufenden!

Extras zum Download in der Digitalen Bibliothek

Viele unserer Bücher enthalten digitale Extras: Tutorial-Videos, Vorlagen zum Downloaden, Printables & vieles mehr. Dieses Buch auch? Dann schauen Sie im Impressum des Buches nach. Sofern ein Freischaltcode dort abgebildet ist, geben Sie diesen unter **www.TOPP-kreativ.de/DigiBib** ein. Nach erfolgreicher Registrierung erhalten Sie Zugang zur digitalen Bibliothek & können sofort loslegen.

YouTube

Sie wollen eine ganz neue Technik ausprobieren? Sie arbeiten an einem spannenden Projekt, aber wissen nicht weiter? Unsere Tutorials, Werbetrailer, Interviews & Making Of's auf **www.YouTube.com/Frechverlag** helfen Ihnen garantiert dabei, den passenden Ratgeber von TOPP zu finden.

Instagram

Sie sind auf Instagram unterwegs? Super, TOPP auch. Folgen Sie uns! Sie finden uns auf **www.Instagram.com/Frechverlag**
Möchten Sie uns an Ihrem Lieblingsprojekt teilhaben lassen? Am besten posten Sie gleich ein Foto mit dem Hashtag **#frechverlag** & wir stellen Ihr Werk gerne unserer Community vor – yeah!

IMPRESSUM

FÜR DIE ORIGINALAUSGABE

THIS IS A CARLTON BOOK
First published in 2018 by Carlton Books Limited.
20 Mortimer Street, London W1T 3JW

Editor: Alison Moss

Design: Katie Baxendale

Photography: Michael Wicks

Stylist: Isabel de Cordova

FÜR DIE DEUTSCHSPRACHIGE AUSGABE

Übersetzung der englischen Ausgabe:
Melanie Schirdewahn

Produktmanagement: Nele Schlötzer

Lektorat: Nele Schlötzer, Tabea Wiesner

Covergestaltung und Herstellung: Katrin Röhlig

Satz: Claudia Adam Graphik-Design, Darmstadt

Druck und Bindung: Neografia, Slowakei

1. Auflage 2019

Turbinenstraße 7, 70499 Stuttgart
ISBN 978-3-7724-5375-5
Best.-Nr. 5375

KREATIV-HOTLINE

Hilfestellung zu allen Fragen, die Materialien und Bücher zu kreativen Hobbys betreffen: Frau Erika Noll berät Sie. Rufen Sie an oder schreiben Sie eine E-Mail!

Telefon: 0 50 52 / 91 18 58*
*normale Telefongebühren
E-Mail: mail@kreativ-service.info